早稲田教育ブックレット No. 9

高校の多様化と教員養成

はじめに　油布佐和子
講演趣旨説明　油布佐和子
第一部　若い教師が語る高校の「今」　長谷川舞　櫻井剛
第二部　高校多様化時代の教員養成を考える
「高校＝貧困が生まれる場所」と教師の取り組み　青砥恭
都立校の実態と期待される教員像　宮嶋淳一
中教審答申を受けた教員養成改革　長島啓記
総括討論　〔司会〕油布佐和子

表紙写真：f_a_r_e_w_e_l_l[http://www.flickr.com/photos/frwl/843785861/{Takahata highschool 10}]

はじめに
―未来を拓く教師を育てる―

教育は、過去の人々の営みから選りすぐった知恵や知識を、未来の社会を形成する子どもたちに繋いでいく行為です。その結節点にいる教師の役割は、どれほど強調してもしすぎることはないでしょう。しかしながら、近年、教師のこの役割は、十分に機能しているとはいえないようです。これは、どの校種についてもあてはまりますが、とりわけ高校で深刻ではないかと思います。

一九七〇年代以降、高校進学率の上昇とともに、特色を持った多様な高校を設立することで高校教育は拡大してきました。現在、中学校卒業生の九五％以上が高校に進学していますが、生徒の学習や生活には、高校間で大きな違いが見られます。銘柄大学への受験を目標として全校を挙げて取り組んでいる進学重点校、推薦やＡＯ入試での進学を前提に行事や部活動が活発な高校、進路指導が就職指導をも含む進路多様校、とにかく生徒が休まずに登校してくることだけを願っているような高校など、「高校」も「高校生」も、いまや一括りにするにはあまりにも多様です。

ところでここで重大な問題があります。高校教師のほとんどが、こうした多様な高校のごく一部を占めるに過ぎない「進学重点校タイプ」の高校の出身であるということです。そのため、新規採用で赴任した時に、自分の体験した高校や高校生活との違いに驚く人も少なくありません。

そればかりではありません。生徒にはほとんどわからない授業を粛々としている先生の姿を、複数の高校で見たことがあります。大学への進学を必ずしも目標としない高校教育の在り方がどのようなものか、考えたことがない人も多いので、そのような授業になるのでしょうし、後期中等教育が、進学準備教育と完成教育との二側面を持つことに考えが及ばないのでしょう。

さて、近年の教育改革では、教員の資質能力の向上が最重要視されていますが、ここで語られているのは、主として義務教育段階の学校の話です。高校の多様化に伴う教師の役割や、そのための教員養成の設計については、まだ、議論すらされていない状況です。

早稲田大学には高等師範部からの百年以上に及ぶ中等教員養成の長い歴史があります。また、二〇〇八年には教職大学院も設立され、修士までを視野に入れた教員養成をいち早く実現化しています。こうした伝統と革新のなかで、必要とされてはいるがまだ着手されていない課題に取り組んでみようと企画したのが、この講演会でした。高校における多様な課題を知ってもらうこと、高校教員養成をどのように取り組んでいけばいいかを共に考えること、この二点をテーマとしています。少し風呂敷を広げすぎたかもしれませんが、この講演をきっかけに、「過去と未来をつなぐ」教育の担い手としての教師の役割について議論が深まっていくことを期待します。

二〇一三年三月六日

早稲田大学教育・総合科学学術院教授　油布佐和子

講演趣旨説明

早稲田大学教育・総合科学学術院教授　油布　佐和子

油布：こんにちは。教職研究科の油布です。今日の講演会の趣旨をご説明申し上げます。今日は、「高校の多様化と教員養成」ということで、二つのテーマでお話をします。一つは高校の多様化にどうたち向かうかということ、もう一つはそれを担う教員をどのように養成していくかということです。

このようなテーマを設定した理由について、少しご説明致します。一九七〇年後半より、高校への進学率は九割を超え、現在では九七％近くが高校に進学しています。ほとんど義務教育に近いような状況になっているわけですが、そのために多様な個性を持つ子どもたちが高校に通っています。そうした生徒の適性や興味、能力に応じた教育をしなければいけないということで、一九九〇年頃より高校の多様化が進められてきています。例えば、皆さんも聞いたことがあると思いますが、全日制・定時制や普通科・職業科といった分類の他に、総合学科や単位制高校など、多種多様な制度が整ってきており、教育内容においてもカリキュラム等が柔軟に適用されるような状況になってきています。

ところで、高等学校の教員免許は高等教育を受けなければ取得できませんから、多くの教員が大学教育を受けて免許を取得します。このとき教員は、自分が卒業した高校をもとに高校のイメージを持ってしまいがちです。多くは自分の過ごしてきた高校経験、大学の経験、自分の専門教科のアイデンティティを持って、高校に赴任することになるのです。そして、九七％が高校に通い、非常に多様な高校の種類があるというときに、自分が過ごしてきた経験と同じようなことを想定して教員になると、自分のイメージとのギャップに戸惑うことになります。多くの新任教員が、驚いたり、違和感を持ったり、ショックを受けたりするのです。そのような現実の中で、高校教員がこれまでのままでいいのかということが、養成される側にも非常に大きな課題として提起されています。

早稲田大学教育学部は、一九〇三年に設立された高等師範部以来、教員養成の伝統があり、その中でも多くの学生が高校の教員になっています。今のような高校の多様化の問題と、一方で従来どおりの教員養成が、非常に大きな現代的課題に直面しているのではないかと思っています。

このような状況においても、事態はどんどん進んでいます。二〇一二年一二月には文部科学省が、高校一年生の共通学力テストを導入することを公表しました。しかし、この方針を打ち出した中央教育審議会の専門部会では委員の中から、こうした共通テストは高校の多様化を進めてきた方向とは逆ではないかという意見も出されたそうです。つまり、高校生の能力、適性、個性に応じた形で多様化が進められてきているが、一方で質保証という形で一定のラインを引いていこうという状況も、新しく出てきているのです。高校教育はこの先どうなるのかという非常に大きな課題が提起されているのです。

なお、教員養成に関しては、二〇一二年八月に「学び続ける教員」、「教職生活の全体を通じた教員の資質能力の総合的な向上方策について」という中教審答申が出ていて、教師の修士レベル化の話などが進んでいきつつあります。

これまでは教員養成というときに、特に小中学校の教員を念頭に置いた議論が進んできましたが、教員免許の修士レベル化というところから、当然高校教員の養成まで話が広がっていき、そこが焦点にもなっていくと思われます。

現実に高校教育を取り巻く多様な状況があり、その対応で学校が頭を悩ませているときに、さらに改革が次から次へと押し寄せています。こういうことを踏まえて、高校教育をどうしていけばいいか、あるいは高校教育を担う教員をどう養成していけばいいか、ということをご報告いただき、フロアの皆さんたちと議論を交わして行きたいと思います。

第一部は、早稲田大学の大学・大学院を修了して、現在高校の教員をしているお二人の高校の教員に、まずお話いただきます。お二人とも二年目の若い教員です。

第二部は、「高校多様化時代の教員養成を考える」という観点から、埼玉県でＮＰＯのさいたまユースサポートネットの代表理事をしていらっしゃる青砥恭先生にお話を伺います。高校には多様な実態がありますが、実は高校教育という枠から閉め出され、その中に入っていけない子どもたちが多くいます。青砥先生は、その子どもたちに居場所をつくるという活動をしていらっしゃいます。高校教育改革の議論の網の目から、こぼれ落ちてしまう子どもたちを支援するお話をいただけるのではないかと思っています。

次の報告者は教育行政の立場から東京都の教育庁指導部指導企画課統括指導主事の宮嶋淳一先生にお話を伺います。宮嶋先生には教育行政の立場でということでお願いしてはいますが、ご自身も高校、中学校での教員経験をお持ちです。そこで東京都の高校の現状と、それから行政の立場から見た高校の多様化と教員養成ということをお話しいただけると思います。

最後に、早稲田大学教育・総合学術院教授の長島啓記先生にお話いただきます。中央教育審議会の教員養成をめぐる協力者会議（「教員の資質能力向上に係る当面の改善方策の実施に向けた協力者会議」）で、非常に刺激的な発言をしてくださっている長島先生から、今の中教審の議論の現状と、そこでの課題をご発言いただきたいと思います。

◆第一部　若い教師が語る高校の「今」

三重県立高校教諭　長谷川　舞

油布：それでは『若い教師が語る高校の今』と題して、はじめに三重県立高校の長谷川舞先生にお話いただきます。長谷川先生は、本学の文学部を修了の後、大学院教職研究科の第二期生として二年間勉強し、ふるさとの三重県で就職なさいました。そこで長谷川先生がどのような活動をしているかということを、今からご報告いただけると思います。

以下、**長谷川**：こんにちは。長谷川と申します。よろしくお願いします。

三重県立高校に勤務しています。教員生活は二年目を迎えます。現在は一年次からの持ち上がりで、二年次の生徒のクラス担任をしています。教科は地理歴史と公民、校務分掌は特別支援・教育相談に所属しています。

勤務校は、県立の定時制高校です。午前の部、午後の部、夜間部の三部制、単位制の高等学校です。私の話がみなさんの参考になるかどうかはわかりませんが、うちの学校がどんな学校で、どういった生徒がどういう学校生活を送っているか、知ってもらえたらうれしく思います。

まず、勤務校の生徒の様子についてお話しします。現在、生徒は三百名ほど在籍しています。

教員数は四十名程度ですから、比較的小規模の学校かもしれません。生徒の半数が、小学校や中学校で不登校を経験しています。他の学校を中途退学してきた生徒もいます。また、教育上、特別な支援が必要な生徒もおります。私が担任をしているクラスには、十七名の生徒が在籍しています。進学を目指す生徒もいれば、就職を希望する生徒もいます。進退を決めかねている生徒もいます。

赴任した際、教頭先生がおっしゃったことで、今も忘れられない言葉があります。「うちの生徒たちの多くは、就職活動をスタートさせることができたら、それはもうかなり頑張った、ということなんだ。面接できるということが、すごいことなんだ」だいたいこういった趣旨の言葉であったように思います。最初は、おっしゃっていることの意味が分かりませんでした。でも、生徒たちと接しているうちに、今までつらい思いをしてきて、学校に行けなくて、経験が少なく、人間関係をここから、この学校から勉強していかなければいけないという子もいるのだと気付きました。

ここからは、もう少し詳しく、学校や生徒のことを紹介したいと思います。私には講師経験はありませんが、大学院などの実習で、いくつかの学校で教える機会を得ることができました。進学校や、商業高校、総合学科の高校などです。でも、そのどれとも、今の学校は違っているのかなと思います。

うちの学校の授業時間は、九十分の授業です。長いですよね。私も、生徒だったらしんどいなと思います。だから、なるべくこの時間を短く感じてもらえるように色々な作業や活動をいれて、工夫しています。私が担当しているのは、日本史、現代社会、地理の講座です。五講座、一週間で十四時間の授業をもっています。

はじめ授業で驚いたのは、世界地図をみたときに、日本列島の場所がわからない生徒がいたことです。白地図を使って、日本の場所を赤く塗るという作業をしていたのですが、生徒に「先生、日本ってどこ?」と聞かれてびっくりしました。私は三重県で教えているので、生徒も三重県に住んでいるのですが、三重県の場所も、わからないこともあり、戸惑いました。もちろん、地理に明るい生徒もいます。でも、本当に基礎・基本からしっかり教えていかないといけないんだなと思いました。ほかにも、アメリカ国旗を見せて「どこの国でしょう」と聞いたら、「中国!」と言われたり、盲導犬の説明をしていたら「盲導犬って何?」と聞かれたり……。そのときは「知っとるよー」という生徒がいたので「じゃあ、説明してみ」と指名したら「服を着ていない犬やろ」と言われて「え?」とか、そんな感じです。

日本史の講座では、ある出版社の教科書を使用しています。率直にいって、うちの生徒にとっては文章が難しいし、用語にふりがなもないので、レベルに合っているとはいえません。でも、教科書以外の副読本などはないのです。本当は、資料集や図説を使いたいのですが、経済的に苦しい生徒が少なくないので、日本史は教科書だけ買うのです。図説がないので、視聴覚教材は、私が図版などを教室に持ち込んで、生徒に見せていることが多いです。

やはり勉強が嫌いというか、「分かった!」という経験が少ない生徒が多いので、いかに分かりやすく楽しい授業にできるかが勝負です。誘惑がいっぱいあるので、大変ですけれど。スマホやゲームなんかです。一度、公開授業をしたときに、三十分遅刻して入ってきた生徒がいました。彼は、教科書やノート、筆記用具なんかは持たないで、漫画を数冊抱えてやってきたので、「えぇー」って、焦りましたね。

こういうなかで、どれだけ面白く楽しい授業をするか……。ただ楽しませるだけではなくて、実際に生徒の頭が動くような、考える時間をもっと持てればいいと思っています。グループ学習やペアワークもやりたいけど、まだ難しい。例えば、くじ引きで同じ番号になった人同士で「ペアつくってみ」と言っても、ペアをつくれない生徒たちも多いので。それとは違うのですが、この間、コの字型の机の配置で授業をしてみたら、結構みんなで意見を共有できて、これはいいなと思いました。少しでも楽しいとか、分かったという経験をしてもらうことが大切だと思って、授業をしています。

大学院で習った「学級経営」というのは、初めに担任と生徒との信頼関係ができて、その後、生徒たちが二人くらいずつでくっつき初めて、その生徒たちがさらにグループになって、グループでの交流が始まって、学年末になって「このクラスで良かったね」という感じで終わるのが理想、というものでした。でも実際は、一年たってようやく私との信頼関係ができてきたかな、と。生徒たちのつながりはどうかというと、入学から半年くらい経った頃に生徒に「○○君探しているんだけど知らない？」と聞いたら、「○○君って誰？」と聞かれて、だいたい同じメンバーで授業を受けているのに、名前を覚えていないのか、と驚きました。現在は、だいぶそんなこともなくなって、生徒同士がつながり始めたのかなという状態です。

ホームルームの時間が少ないので、体育祭や文化祭などのイベントを最大限に活用して、「クラス」を作っていきたいと思っています。うちの学校は、四年で卒業する生徒と三年で卒業する生徒がいます。三年で卒業する生徒は、来年が高校生活の最後の一年になるので、学校楽しかったなと思って次のステップに進んでいってもらえたらと思っています。

とはいえ、学校行事を楽しんでもらうのもなかなか難しいものだなと思います。今年の文化祭は、うちのクラスは隣のクラスと合同で「門」の展示を行いました。門扉のイラストは生徒が描いて、色を塗っていたんですが、生徒が「これで完成」と見せてくれたものが、なんというかパッと見、未完成なんです。背景が白くて、やりかけみたいな印象があったので「背景も塗ったら」と言ったら、生徒に「描かせといて、これ以上注文つける気?」といわれてしまいました。生徒たちは、完全に「やらされている」感覚だったんですね。

悪い生徒じゃないです。生徒たちのなかには、家庭でいろんなストレスを抱えてきて、それを学校で発散しているような生徒もいます。ご家庭の様子などが見えてくると、こういう状況では確かに安心できず、誰かを信じたりすることも難しくなってしまうのかなあ、と感じることもありました。自分ひとりでは無理なので、他の先生方の力も借りながら、対応することもあります。

現在は、教育相談の分掌で、学校全体、ホームルーム単位でやるSST(ソーシャルスキルトレーニング)の指導案を作っています。生徒の実態に合うように、担任の先生方に相談しながらやっています。大学院の先生に助言してもらったこともありました。

私は電車通勤なのですが、他校の生徒たちが毎朝電車に乗って、楽しそうに、学校の先生の悪口なんか言いながら通学するのを見ていて、この子たちとうちの学校の生徒たちは、似ているんだけど、なんか全然違うな、とよく思います。もちろん、生徒一人ひとりにそれぞれのつらさがあると思うのですが、うちの生徒たちは、なんだか、一段と厳しい場所で生きているのかな、と感じます。だから、少しでも学校を楽しんでほしい。以上で、私からの報告を終わります。

東京都立高校教諭　**櫻井　剛**

油布：二番目の報告者は櫻井剛先生です。実は、長谷川先生と櫻井先生は同じ早稲田大学第一文学部の、しかも同じゼミの出身で、大学院も教職研究科で二年間一緒でした。櫻井先生は都立高校にお勤めです。

櫻井先生は、私が前に聞いたところでは、とにかく野球が好きなのだそうで、高校の野球部の顧問になって、生徒たちを甲子園に連れていきたいという思いで高校の教員になったそうです。ところが、行ったところは、野球部はあるのだが……という高校だったということで、その後の話はまた今からご報告頂きたいと思います。

以下、**櫻井**：よろしくお願いいたします。都立高校教員の櫻井と申します。

本日は「現在の高校について考えること」という題で話を進めていきたいと思います。勤務校の概要を簡単に説明いたします。私が勤めているのは東京都東部に位置する普通科の学校です。

一学年八クラス、二学年七クラス、三学年八クラスの計二十三クラス、約九百名の生徒が在籍しています。卒業後の進学率は約七割で、普通科なので大学や専門学校、そういった進学を中心として目指していますが一般入試での進学者は少なく、ほぼ推薦で決まっています。わかりやすいデータを一つ例に挙げると、センター試験を受ける生徒は今年は約七〜八人です。

勤務校は数年前までは、服装、頭髪、アクセサリーを含め校風は自由でした。これを少し具体的に申し上げると、制服化されたのが今の二年生からなので、今年で二年目になっています。頭髪も茶髪、金髪、何でもありでした。むしろ髪の毛があればそれでいい、つまり奇抜な髪型で剃り上げてしまう生徒もいました。その髪色の奇抜さから、数年前までは虹色高校といわれていたそうです。また、ピアスなどのアクセサリーも自由でした。多くが近距離の生徒で構成されているるので、アットホームな雰囲気で、自由ではありましたが、問題行動は少なく、落ち着いているといえば、落ち着いています。ここ数年で服装、また茶髪の禁止、アクセサリーも少し控えていくべきではないかということで、今指導してきているところです。また、非常に学校行事が盛んです。その中でも生徒が一番盛り上がる行事が六月に行われる体育祭で、そこでは学校全体で活動をします。体育祭、文化祭、合唱祭をあわせて三大祭りと言っています。

二〇一一年三月に、この教職大学院を修了したときに、こんなことをやりたいということをイメージしていました。その抱いていた理想と、赴任して目の当たりにした現実があるので、それを基に話をしていきたいと思います。私も地理・歴史科の教員で、現在は日本史のみを教えていきます。知識だけではなく、楽しさを教えていきたい、また、一人でも歴史を好きになる生徒を育てていきたい、こうした気持ちを持って学校に赴任しました。ただ、一年目にして三年生を授業でもつことになったので、それが大変でした。生徒たちのほうが学校に在籍している年数が長いので、なかなか言うことを聞いてくれず、困ることもありました。

授業中は机に向かうことができず、私への暴言も頻繁にありましたし、物が飛んできたこともありました。昨年は、ペットボトル、iPhone, iPad なんかが飛んできましたね。暴言はしょっちゅうで、「死ね」、「消えろ」は普段からありますし、あとは「お前の授業なんか受けたくない」とか、「こんなの意味がねえ」とか、そういうことが頻繁にありました。逆に言うとこれは一年間で慣れてしまい、二年目である本年度はむしろ少ないなと思いながら授業をやっています。

授業については、時々「楽しいときがあるよ」と生徒から言ってもらえるときがあり、感心しています。これはこれで良かったのですが、そのときに「先生、今日の話、良かったよ。はい」となぜか栄養ドリンクを渡されました。なぜ栄養ドリンクなのだろうと思って、「ありがとう」といって、ふと教室の後ろを見ると、後ろの黒板の隅から隅までずっと栄養ドリンクの空き瓶が並んでいました。「これ何でやっているの？」と訪ねたら、「みんなで飲んだ証を残すため」と答えてくれました。どうやら特に理由がなく栄養ドリンクの空き瓶を残していたようです。そういった出来事を楽しみながら一年を過ごし、徐々に関係ができてきたのかなと感じています。

私は部活動を中心として生徒を育てていきたい、そして生徒とともに甲子園に行きたいと考えているので、部活指導という面も頑張りたいと思っています。一つの目標に向かって継続して努力することが大事なのだということを教えていきたいと思います。また、私自身は甲子園には行けずじまいだったのですが、目標に向かって進むことの大切さ、そして、全国大会の甲子園という舞台に立とうという意気を持ち、継続して努力する大切さを伝えてきたいと思います。「野球部を強くする」ということを目標に掲げていますが、私自身は高校時代後一歩のところで甲子園には行けませんでした。しかし、出身県の県大会を勝ち進んでいく中で、出身高校としては初の上位進出だったので、学校がとても盛り上がっていました。このイメージが鮮明に残っていまして、部活動が好成績を残すことが、学校の活性化につながっていくのではないのかなと考えています。教職大学院に在籍していたときも、部活動を中心として学校の活性化をというテーマをたてて、様々な実習にもいきました。

しかし、実際に赴任してから感じたのは、全てにだらしがない部員が多いということでした。私はとにかくきちんとやることを目標に掲げていましたので、終業後、可能な限り早く部活を始められるように、一年目は担任を持っていなかったこともあり、生徒より早くグラウンドに出てずっと待っていました。しかし、どれだけ待っても生徒が来ないのです。私がグラウンドに出て一時間ぐらいたって、ようやく集まりはじめ、一時間半がたった頃に全体で練習が始められるというような状態でした。そして、ようやく練習を始めても、片足が野球のスパイクで片足が革靴で練習している部員もいました。さすがに驚いて「ちょっと待て」と注意しましたね。

そして、部活指導の中で時間や服装、ＴＰＯを大事にしていこうと指導してきました。最近になってようやく、何とか形になってきたのかなと思っています。

二〇一一年度に私が赴任してきたときは、「どうせ練習しても、うちらは勝てないんだよ」というあきらめた声が、生徒だけではなく、保護者からも聞こえてきていました。「先生、若いから何も分からないかもしれないけど、この生徒たちには無理なんだよ」と、保護者に言われたこともあり、それにはかなりショックを受けました。

現在、勤務校の野球部は、夏の東東京予選で五年連続で初戦一回戦でコールド負けをしています。高校野球は、五回で十点差、七回以降だと七点差がつくとコールドとなり、試合が打ち切りになってしまうのですが、それが五年間続いているので、これからどうにか、九回の最後まで試合をさせてやりたい、勝たせてやりたいと思っています。だらしない生徒が徐々に減ってきたので、これから本当に野球を教えていくことができる、ここからが本当のスタートだと感じています。

そして授業以外でも生徒と接して、ともに私自身が成長していきたいと思っています。生徒との関係はやはり授業だけではなく、生徒と話をし、相談に乗るというようなことが、好きなのでそこからまた自分を高めていきたいと感じています。

また、教職大学院で学んだこと、実習で学んだこと、これを学校で発揮して貢献していきたいと思っています。学校に貢献することで同時に自分の力量を高め、次の学校、さらに次の学校で、どんどん成長していきたいと思っています。しかし、一年目は生徒部の分掌業務がありました。私たちの学校では、生徒指導を行う校務分掌を生徒部と呼んでいます。ありとあらゆる書類作業や、バイク、たばこ、万引き、自転車の三人、四人乗り、あとは暴力事件などがあって、その業務にずっと追われていました。ですから、なかなか問題を起こすわけではない普通の生徒と話をする機会がもてませんでした。そして、今年度は担任業務に追われています。生徒と話をするよりも、処理しなくてはいけない書類が多く、職員室にいるときはほぼデスクワークをしています。書類の処理に時間をとられていて、一番向き合っているのがパソコンではないかというぐらいです。もともと私は、こうしたデスクワークや経理、文書作成の仕事が得意ではないので、慣れるまでは大変でした。そして、仕事というのは覚えれば覚えるほど増えてしまうので、どう処理すればいいのかと思いながら過ごしています。

また、教職大学院で学んだことを生かし、学校に貢献していきたいと考えてはいるのですが、意見を言っても、聞き入れてもらえないことが多くありました。これについては時間が解決してくれるのかなと思っています。だから、大学院で学んできたことは、自分の中で温め、機会がある毎に使えたらと思っています。

また、部活の強化に努めるとともにその活動の継続性についてもこだわっていきたいと思っています。本校の部活動加入率は、四五％ぐらいなので、少し物足りないと思う部分もあります。その中で部活動を続けるということから、社会で生きていく上で継続していくことはとても大事なのだということを学んでほしいと思っています。他には礼儀や挨拶、服装についてもきちんと指導しています。ネクタイの締め方、ボタンを留めること等です。また、挨拶については、きちんと立ち止まって「オーッス」など不明瞭な言葉ではなく「おはようございます」「こんにちは」「こんばんは」「失礼します」「さようなら」と誰が聞いても分かるようにしていこうと教えています。そこから人間性を高めていってほしいと思っています。

高校を卒業したあと「君はどこの学校の野球部だったの？」「○○高校です」「ああ、あそこの高校だったら、しっかりできるよね」、そう言われるような生徒になってもらいたいと思っています。

同じ東京都の教員と話をしていて私がこうして経験していることはまだまだ良いほうなのかなと、感じることがあります。私自身もこれからどれぐらい現在の勤務校にいられるのか、また、この先にどんな学校を経験していくのか、まだまだ分からないことだらけなのですが、これからまた自分を高めていって、自分の望むものができるようになっていけたらと思っています。

◆第二部　高校多様化時代の教員養成を考える

「高校＝貧困が生まれる場所」と教師の取り組み

ＮＰＯ法人さいたまユースサポートネット代表理事　青砥　恭

油布：次に青砥恭先生をご紹介したいと思います。青砥先生は、埼玉の高校教員を長い間務めていらっしゃって、その後、『〈ドキュメント〉高校中退―いま、貧困がうまれる場所』という本を上梓されました。今は、ＮＰＯさいたまユースサポートネットの代表理事でいらっしゃいます。青砥先生が提起してくださるのは、学校という制度になじめないたくさんの子どもたちを取り巻く課題です。

以下、**青砥**：皆さん、こんにちは。青砥と申します。ご紹介いただきましたが、私は高校の教師を二十年やり、それから、今はこのＮＰＯ法人の責任者をしています。また、明治大学と埼玉大学で非常勤講師もしています。

今日はこのＮＰＯのクリスマス会があります。クリスマス会には、様々な子たちが参加します。ホームレスだった若者もいるし、高校を中退した子、通信制の高校生、中学生で不登校の子などです。年代でいうと、そういう子たちから三十代の後半までの若者たちが集まって、いつも居場所を提供しています。

そういった居場所を提供する事業が私たちの活動です。なぜ居場所が必要なのか、簡単にいうと行き場所がないからです。行き場所がない子、つまり学校にも行き場所がない、働くこともできない、それから、家庭からも排除を受けているという子たちに居場所を提供しています。

家庭から排除されているという子は、実は相当数いると考えられます。私たちのＮＰＯで二十代半ばで通信制高校に行っている男の子がいます。その子は、父親が放蕩して破産し、家が崩壊して、弟の学費も出さなければいけないので、結局自分は定時制高校をやめて仕事をしたという子です。ところが、その会社も倒産し、結局その若者は、家にも帰れずホームレスになってしまったのです。十八歳から二十歳までの間は、東京と千葉の間の公園で暮らしていたという若者です。ホームレス時代の、どこに行けばご飯があるかとか、どこで体を洗うとかという話を、随分私も聞きました。五十代、六十代の中高年のホームレスの話はよく聞きますが、十代の若者のホームレスの話はなかなか聞けません。

そういう若者も私のところに来ていて、その若者はもう一度学び直しをしようと通信制高校に入学しました。そして定時制高校は自分だけでは勉強できないので、私のところで勉強していま す。なぜ私のところに来ているかというと、通信制高校でも広報活動をしていて、私たちのＮＰＯでは、無料で学習支援をしているからなのです。お金を取らないことが非常に大事で、はっきりいって困難を抱えている子どもたちは、そういうところにお金を払えないのです。私たちは全て無料で学習支援をしています。寄付や助成金を少しずついただき、自分たちもお金を出して運営しています。

私の目標は、地域社会に、学生も含め、困難な経験をした若者たちとのコミュニティをつくることです。大変な事情を抱えた子たちが来たら、自分と違う人生を歩んできた子がおり、けれども、それは仲間なのだという、地域社会にそういうものがたくさんできればいいと思いながら、活動しています。

困難な経験をしてきた若者たちを見ていると、私たちの施設を利用している子ども・若者は、ほとんど一人親世帯です。両親がそろっている人はほとんどおらず、家庭崩壊をしている子どもが非常に多いのです。だから、虐待、ネグレクトを経験している子もかなりいます。

小中高で現在、大体十五万人ぐらいの不登校生がいますが、不登校から高校中退というケースが非常に多くあります。私のところでは土曜日は居場所、「たまり場」といって、勉強をしてもいい、ゲームをして遊んでもいい、お話をしてもいいという二部屋を用意しています。それから、学び直しをしたい子や、人とあまり交流するのが得意ではない子が「学び場」にいて、学生や社会人のボランティアからマンツーマンで勉強を教わっています。それはどちらを選んでもよいことにしています。私たちの施設に来ている子たちの多くは、ほとんど貧困層の家庭出身者です。なぜかというと、先ほど申し上げたとおり、私たちはお金を頂いていないからです。

それから、高校を中退した子たち、外国籍の子、不登校や中退を重ねてきて、サポートがない子、それから依存症の子、そんな子たちがたくさん来ています。

なぜ私たちがそのような活動をしているかというお話をします。われわれが支援している子どもたちは、社会的関係性、いわゆるコネクションがありません。親からのサポートがなく、学校歴が非常に薄く、地域社会とも縁がなく、きちんとした就業もできていない子が多いのです。その中にはいろいろな背景があります。そういう子たちを一人ひとりヒアリングして、子どものときからどういう育ち方をしてきたかを調べていくと、虐待やネグレクト、不登校など、子どもが排除され、社会的排除、社会的周縁化する、そういうリスク要因をたくさん抱えているのです。そういう子どもたちが抱えているのは一つのリスクではなく、複数が重なっているということが特徴です。

だから、困難を抱えた子たちを支援する側も、学習だけを支援して、その子たちの支援が終了するわけではありません。こういう問題を抱えていると、その支援の在り方は非常に複雑で、多岐で、長期で、しかも寄り添いながら、ずっと支援していかないと若者たちは自立できないのです。では、そういう若者たちの支援の場としてどのような場所が必要かというと、やはり居場所だろう思います。実際の問題として、学校はそういう機能を果たせていません。日本の学校はやはり選別の機能が非常に強いのです。だからこそ、どんな子も受け入れて、交流してコミュニティを作り、そこで様々な力、社会的な適応性も学んでいく、そういう場がこの社会にはどうしても必要だと私は考えています。

内閣府に内閣官房社会的包摂推進室というところがありました。そこの調査にも私は参加をさせてもらいました。私が担当したのは高校を中退した子どもたちの調査活動です。

若者が周縁化するまでに抱えてきたリスクを見ていくと、本人の障害、家庭の環境、教育の三つの視点が重要です。まず、家庭の貧困はかなり共通して抱えている要因です。一人親世帯も相当多く、生活保護世帯の中学生を教えていると、八五％が一人親世帯で、八〇％が母子家庭です。だから、日本の貧困問題は、母子家庭の問題であるといってよいと思います。それから、虐待や家庭内暴力、ネグレクトもあります。親の精神疾患、うつや依存症、知的障害もあります。例えば二十代で子どもを生んで、夫のＤＶや経済的破綻、家庭内暴力などで家庭が崩壊し、離婚して、子どもを抱えたまま女性が子どもを育てながら生きていかなければいけないというケースも非常に多くなっています。離婚したときには、ほとんどの女性は職を持っていません。要するに結婚する前には仕事を持っていても、離婚するときまでに辞めて無職になっているか、もしくはパートなどをしているという状態です。そこに、子どもの教育費も深刻な問題になってきます。例えば、ここ早稲田大学に通うために授業料は幾らかご存知ですか。高校に通わせるためには、いくらかかりますか。修学旅行、部活、教材など授業料以外にもたくさんのお金がかかります。

そういうことを女性が全部引き受けて子どもを育てながらなければいけない家庭があるのです。だから、私たちは生活保護世帯の女性と連携をしながら子育てを支援し、勉強を教えています。しかし、病んでいる女性の何と多いことでしょうか。うつ、統合失調症など、それから依存症も多いです。例えば、生活保護費をもらったら毎日パチンコへ行って、子どもはネグレクト、なおかつ身体的な虐待をして、児童相談所にしばしば駆け込まなければいけないという方もいらっしゃいます。

けれども考えてみると、現在の日本社会で、お一人で子どもを育て、孤立してしまえば、生活保護を受けるようになってしまうのも当然と言えば当然かも知れません。それはサポートの体制が全くなく、孤立してしまうからです。やはりそういう受けとめ方をしないといけないと思っています。

しかし、学校現場はそうなっていません。そういう母親たちに向かって、「もっとしっかり子どもを指導してください」と教員はいってしまいがちです。いうのは簡単なことですが、その言葉だけで母親たちは何とかなるのでしょうか。やはり先生方の多くはそこを理解していません。学校は福祉機関ではなく、ソーシャルワーカーのような業務ができるわけではありませんが、それに近い能力が、これからの教員には求められているのではないかと思っています。もしくは外部人材を使うしかありません、外部の人材、外部の機関と学校が連携して、対応していくしかありません。学校には対応できない限界があることを自覚した方がよいと考えています。

生活保護世帯の学習支援教室に通う子どもたちというのは、私たちが年間で関わった子どもたちです。例えば離婚した後に父親がいなくなり、養育費を払っていないというケースです。離婚した後に養育料を払っている父親は日本ではわずか十六％です。ほとんどの父親は養育費を払っていないことになります。だから、母親が子どもを抱えて大変な苦労をすることになるのです。さらに母親が疲れ果て、他の男性とどこかに失踪してしまうという場合もあります。残されたのは祖父母と子どもたちということになります。そしてしまいには、祖父母も苦しくてどうしようもなくなってしまうというケースさえあるのです。

私たちが受け容れている子どもたちの様子をお話ししていきます。まず最初のケースは離婚後に母親が自殺し、祖母が養育しているという子です。祖母がその子を連れて私たちのところへ来て、「この子はこのままだと、ホームレスになるしかありません。何とか助けてください」とお願いしていったのです。生活保護を受けながら女の子二人を祖母が育てていました。祖母は年金生活で七十代半ばです。そういう子どもたちを支援するしくみはこの社会にはないのです。次のケースは、きょうだいでいろいろな障害を抱えているケースです。きょうだいが四人いたら四人とも障害を持っているというような場合も多いのです。それから、親も子どもも障害があるケースもあります。次は言葉の壁が親子の間に存在するケースです。母親は外国人で日本語ができず、中学生の息子さんは日本語しかできないという場合もあります。母親と息子さんの会話ができないのです。その次は、お父さんの仕事が破綻して、小六、中一と学校へ行けなかったというケースです。この子はアルファベットも書けません。アルファベットを書けない中学二年、三年はそれほど珍しくはないのです。

これらはすべて実際の話です。次に、学校現場での子どもを取り巻く環境についてご紹介します。二〇〇八年の十二月に私たちが調査したのですが、埼玉県の県立高校百五十校ほどのうちの、五十校、千二百人の高校生を対象にアンケートをとりました。入学試験の点数でグループ一からグループ五まで分けて調査しました。もちろん、率直に申し上げて私の関心グループ五、グループ四といった比較的入学試験の点数が低いグループの学校です。G５が最も学力の低い学校で、G１がトップの進学校です。

	対象　埼玉県立高校50校の高校3年生1,200人
G1	「進学校」（グループトップ高校　平均点160点　最高170点超）
・	
G3	「中堅校」
・	
G5	「底辺校」（グループ最下位高校　平均点70点　最低50点以下）
	（当時　入学試験200点満点）　2008年12月実施

最初は父親の職業をたずねました。G５とG１を比較すると、G１では会社員が五五％、G５では二六％ほどです。父親が会社員であるとの回答はG１からG５に向かって徐々に減っていきます。公務員という回答についてみると、G１では一五％でG５では二％弱です。学力が低い学校ほど父親が公務員や教員である割合は減っていくのです。逆に運転手や左官、建設業関係に従事する技能職はG５の学校のほうが多くなります。

それから、父親の仕事を知らないという回答もG５やG４の学校では相当いるようです。「最近帰ってきてないからよく分からない」ということがあるかもしれないし、「以前はこういう仕事をしていたけど、今はちょっとわからない」とか、そもそも関心が無いとかそういったことが背景にあります。ここまでをまとめますと、G１などの進学校では八〇％近くが非常に安定した、職業についています。ところが、G５の子たちは、会社員や公務員の割合が非常に低いのです。つまりG５の学校の子どもたちは、経済的に非常に不安定な中で暮らしているのではないかということが推測できると思います。

高校三年間でのアルバイト経験も、進学校とそうではない学校との間でかなりの格差があります。また、家庭の持ち家率も、G１の進学校と

Ｇ５では、やはり持ち家率はＧ５の方に向かって割が低くなっています。

厳しい環境にいる子どもたちの状況を見ていただきましたが、Ｇ５のような所謂底辺校から大量の中退者が出ています。なぜ今、高校中退が問題にされなければいけないのでしょうか。内閣府でも、厚生労働省でも、文部科学省でも、高校中退問題は非常に大きな焦点になっていますが、それはなぜかというと、子ども、若者の貧困化する本当に大きな要因になっているということが、社会的に認識されはじめたからです。

文部科学省のデータでは徐々に高校中退者は減っているのですが、例えば通信制や定時制に転校すると中退の数には含まれません。ところが、その受け皿となる私立の通信制高校は、学費が大体五十～六十万円、安い学校でも四十万円ほどかかってしまうのです。公立の通信制高校は、例えば埼玉県には大宮中央高校、神奈川県には修悠館高校があります。大体両方とも五千人が在籍していますが、実際に通っているのはその半分ほどです。また、一年生など早い時期から入学した生徒と、三年生、四年生だけ在籍する生徒では卒業率に明確な差があります。三、四年生だけ在籍する生徒の方が卒業率が高いのです。また、滞留生の問題もあります。つまり、五年、六年、七年、八年と通信制高校に滞留している生徒たちです。学校に来ていないのですから、いつかは除籍されてしまいます。そういう生徒たちは中退者の中にはカウントされていないのです。つまり、中退者としてどの段階でもカウントされず、どこで何をしているか誰もわからないという生徒が少なからず存在しているのです。

一方で、定時制高校の卒業率も全国的なデータとしてはほとんどありません。これは先ほど申し上げたとおり、三年生、四年生で入学する場合と、一年生で入学する場合とは全く割合が違ってくるはずです。だから、社会で最も困難を抱えた子どもたちのデータは、この社会では明らかになっていないのです。

そういう困難な状況を抱えた子どもたちが、どのようにしてリスクを抱えて、社会的に周縁化していくかをしっかりと認識しなければいけません。もちろんその要因は一つではありません。障害、虐待、不登校や中退、低学歴、引きこもり、家庭崩壊、などさまざまな社会的に孤立をする可能性を持つ複合的な要因の中で、社会から排除されていくのです。経済資本がないだけではなく、社会関係資本の貧弱さの中で社会的に周縁化して、この社会の片隅で生きていくしかない状況に追い込まれてしまうのです。そういう若者たちは、この社会をつくろうとか、社会をどうしていこうとか、そういう発想は持てないまま人生を送っていくことになります。もちろん選挙には行きませんから、政治にその声も届きません。しかし、そういう子どもたち、若者たちが排除された社会のままでいいはずがありません。

学校は、そういう若者たちの格差を再生産しています。格差を再生産する機能を学校が持っているという問題意識を、多くの教員が持つ必要があるのではないかと思っています。あの子たちが中退した後、どうなっていくのかということを考えなければいけません。そういう若者たちに共感しながら、教師として生きていくことが大事なことなのではないかと私は考えています。

都立校の実態と期待される教員像

東京都教育庁指導部指導企画課　統括指導主事　宮嶋　淳一

油布：次に東京都教育庁指導部の宮嶋淳一先生にお願いします。宮嶋先生は教育庁にお勤めということで行政職についておられますが、その前には長く公立高校で教鞭を執られてきたそうです。今回のお話はおそらく宮嶋先生の教師としてのご経験も踏まえつつ、教育委員会、教育庁という行政としての考えの二つからお話をしていただけるのではないかと思っています。

以下、**宮嶋**：皆さん、こんにちは。私は東京都教育庁指導部指導企画課統括指導主事の宮嶋と申します。

本日は、教員を目指す学生の方々を中心に、広く様々な教育関係者の方々がお集まりと伺っています。これまでに、お三方の先生からお話をいただきましたが、私からは、多様なタイプの高等学校の紹介や、東京都の教育に求められる教師像などについてお話しいたします。どうぞ、よろしくお願いいします。

さて、各学校におきましては、いわゆる団塊の世代の大量退職に伴い、若手教員が大量採用される状況にあります。経験豊かな教員が大量に去り、経験の浅い若手教員が増加することから、若手のうちから組織の重要な役割を担わなければならない状況になることは確実です。教師を目指す学生の皆さんには、これから、近い将来、東京都の教育を担っていく立場になるという自覚をもって、日々の勉学に取り組んでいただきたいと思います。

それではまず、都立高校の種類と内容についてお話しします。最も大きな分け方として課程があります。これには、全日制課程、定時制課程、通信制課程があります。

次に、学年制と単位制があります。学年制では、学習する教科・科目が、学年ごとに定められており、その学習成果が認められると単位が与えられ、次の学年に進級する制度です。一方、単位制は、学年の区別がなく、入学から卒業までに決められた単位を修得すれば卒業できる制度です。全日制課程の中にも学年制の高校もあれば、単位制の高校もあります。

さらに、学科があります。普通科、農業や工業、商業に関する学科などのほか、総合学科もあります。総合学科については、また、後ほどお話しします。

さて、東京都教育委員会は、生徒一人ひとりの能力や適性、興味・関心、進路希望等に応じて学ぶことができるように、既設の学校の特色化や多様なタイプの都立高校を開設してきました。そのうち、いくつかご紹介します。

まず、進学指導重点校です。これは、難関国立大学や国公立大学医学部医学科への進学を実現するために必要な学習に取り組む学校です。進学実績の向上に向けて、国公立大学進学に対応した教育課程の編成や、自校作成問題による実力テストの実施、土曜日や長期休業日等の補習・講習などに取り組んでいます。

また、総合学科高校という学校もあります。総合学科高校は、国語や理科などの普通科目から、工業や商業、情報や美術などの専門科目まで、自分の興味・関心や進路希望に応じて幅広く学べる学校です。自己の進路への自覚を深め、社会ルールや職業と生活について学ぶなどする「産業社会と人間」や「多様な選択科目」の履修により、「自分は何をやりたいのか」、「自分は何に向いているのか」、「自分は何ができるのか」をじっくり考えながら、自らの将来の進路を探索する「自分探しの旅」を行うことができます。また、ある程度まとまりのある学習を可能にするとともに、進路希望に沿った科目履修ができるように、体系性、専門性を考慮し、相互に関連する科目によって構成される科目群である「系列」があります。

さらには、チャレンジスクールという学校もあります。チャレンジスクールは、小・中学校での不登校や高校での中途退学を経験した生徒など、これまで能力や適性を十分に生かしきれなかった生徒が、自分の目標を見付け、それに向かってチャレンジする学校であり、自分のライフスタイルに合わせて、学ぶ時間帯を選択できる三部制の単位制・総合学科の昼夜間定時制高校です。また、カウンセリングや教育相談の充実など、心のケアに配慮したきめ細かな指導を行っています。

この他にも、エンカレッジスクールという学校もあります。エンカレッジスクールは、小・中学校で十分能力を発揮できなかった生徒のやる気を育て、頑張りを励まし、応援する学校です。ここでは、生徒一人ひとりにきめ細かな指導を行うために、二人担任制を導入しています。また三十分授業を実施し、午前中は座学、午後は体験学習及び選択授業が中心となるよう、時間割編成を工夫し、生徒の集中力を維持し、向上させています。

このように都立高校には、様々なタイプがありますが、教師として求められる基本的な資質・能力はかわりありません。教師を目指す学生の皆さんには、まずは、基本的な資質・能力を身に付けていただきたいと思います。そこで、ここからは、東京都の教育に求められる教師像についてお話いたします。

第一に、「教育に対する熱意と使命感をもつ教師」です。そのためには、子供に対する深い愛情や、教育者としての責任感と誇り、また、高い倫理観と社会的常識が必要です。

第二に、「豊かな人間性と思いやりのある教師」です。そのためには、温かい心、柔軟な発想や思考、幅広いコミュニケーション能力が必要です。学生の皆さんには、いまのうちから友人のネットワークを広げ、コミュニケーション能力を磨いていただきたいと思います。

第三に、「子供のよさや可能性を引き出し伸ばすことができる教師」です。そのためには、一人一人のよさや可能性を見抜く力、教科等に関する高い指導力、自己研さんに励む力が必要です。

第四は、「組織人としての責任感、協調性を有し、互いに高め合う教師」です。そのためには、より高い目標にチャレンジする意欲、若手教員を育てる力、経営参加への意欲が欠かせません。

いま申し上げた四点のうち、第一から第三の内容は、教師に求められる普遍的なものです。また、第四の内容は、若手教員の計画的育成や学校における組織的な課題解決能力の必要性からお示ししているものです。教師を目指す学生の皆さんは、これらのことを十分に認識して、勉学に取り組んでいただきたいと思います。

さて、私からの話の最後として、私が教員時代に心がけていたことのうち、何点かお話ししますので、学生の皆さんが実際に教壇に立ったときの参考にしていただければと思います。

一つは、常に学習指導の工夫と改善に取り組むことです。私の専門は、理科の物理でしたが、ときには、生徒が私の授業にあまり集中せず、学習内容をよく理解できないこともありました。その際、それを生徒の課題として捉えるのではなく、教師である自分の課題として捉え、指導法の改善を図ったり、補習を行ったりするようにしました。そのような取り組みは、生徒の学力の向上に加え、自分自身の教師としての資質・能力の向上にもつながります。

次に、組織として生徒を指導する意識です。例えば、私の物理の授業中、生徒が皆、静かに聞いてよく理解できたとします。しかし、それは私だけの力ではなく、その背景に、授業規律の確保に向けて、繰り返し指導を行っている学級担任や、生活指導担当の教員、また他の教科の教員の努力がありました。生徒を指導していくときに、決して一人の力でできるとか、一人の力でしなければならないと抱え込まず、組織として対応することが大切だと思います。

また、生徒理解に心がけることです。私が特に大切にしてきたことは、何か事故や事件が起こってから、その生徒を理解するのではなく、普段の生徒一人ひとりをよく理解しておくことです。それにより、生徒に何かあったとき、生徒の少しの変化に気が付くことができ、例えば、いじめや児童虐待を早期に発見し、対応できることにつながると思います。

以上、私からは、多様なタイプの高等学校の紹介や、東京都の教育に求められる教師像などについてお話しいたしました。この後の意見交換等が活発に行われることを期待いたしまして、私の話を終わります。

中教審答申を受けた教員養成改革

早稲田大学教育・総合科学学術院教授　長島　啓記

長島：早稲田大学教育・総合科学学術院の長島と申します。教職大学院である教職研究科は二〇〇五年にその設立のための組織がつくられましたが、その一員として開設に携わりました。教職研究科が開設して二〇一二年度で五年目になります。九月まで教職研究科の科長として運営に携わっていました。こうしたこともあり、中央教育審議会の協力者会議の委員をさせていただいております。本日は、その協力者会議で教員養成改革についてどのように議論が進んできているかということを中心にお話をしたいと思っています。

二〇一二年八月二十八日に、中教審から「教職生活の全体を通じた教員の資質能力の総合的な向上方策について」という答申が出されました。この答申は、全体が三つの部分にわかれています。「現状と課題」、「改革の方向性」、「当面の改善方策」です。今日は「当面の改善方策」というところについて、現在どういうことが議論されているかということを主としてお話ししていきたいと思います。

「現状と課題」においては、教員養成の改革について議論されるときに、前提とされていることが整理されています。これまでの先生方のお話にあったような、高校の多様化の現状も含めてここには表現されていると思うのですが、答申ですので一読しただけでは頭を通り過ぎていくような文言になっているかも知れません。基本的には大学が教育委員会等と連携をして、教員養成改革などいろいろなことを一体的に進めていこうという内容になっています。

答申に示されている「これからの教員に求められる資質能力」ですが、「教職に対する責任感」、「探究力」、「教職生活全体を通じて自主的に学び続ける力」というと、ただお題目のように聞こえますが、それぞれ個人的な言葉や体験のレベルに落としていくと、その通りだと感じることを示しているのではないかと思っています。「専門職としての高度な知識・技能」として学習指導力なども必要だし、「総合的な人間力」としてコミュニケーション力なども必要とされています。

それから、「改革の方向性」ということですが、キーワードは「学び続ける教員像」です。そして、改革の方向性としては、教員養成の基本は修士課程修了に持っていくということです。次に教員養成を修士レベル化する、つまり教員養成の基本は修士課程修了に持っていくということです。修士レベル修了で取得できる免許状を「一般免許状」とし、学部レベル修了で取得できるのは「基礎免許状」とするということです。そして教員になってから、あるいは、一般免許状を取得して経験を経てから「専門免許状」を取得するようにし、三つの免許状に再編するということです。改革の「方向性」と書いてあるのは、中長期的な課題ということで、今すぐこの免許制度に変えるということではないということです。しかしそのことが、実は、教員養成をどのように変えていくかというときに非常にやっかいになるということでもあります。

さて、「当面の改善方策」です。現在（二〇一二年十二月：編集注）、協力者会議で議論されているのはこのことです。学部レベルについては「課程認定の厳格化等質保証の改革」などですが、特に協力者会議で大きなテーマとなっているのは、修士レベル化についてだと思います。教職課程の文部科学省による課程認定の厳格化ということになると、課程認定(1)についてご存じの方はお分かりかと思いますが、大学としても当然対応をしなければならないということになります。

修士レベル化ということについては、専門職大学院での教員養成ということで、二〇一二年十二月現在、全国に二十五の教職大学院が設けられていますが、それを発展拡充して全ての都道府県に設置しようという方向が当面の目標となります。

それから、専修免許状の在り方の見直しも注目されています。専修免許状というのは、一種免許状を取得している者が大学院の修士課程で二十四単位以上の教科または教職に関する科目の単位を取得すると、取得することができます。その専修免許状の在り方の見直しなのですが、修士課程で一定の実践的科目を必修化するということが進められようとしています。分かりやすくいうと、インターンシップのようなものを導入するべきではないかということです。

まず、実践的科目の必修化ということについて取り上げます。現在は、教科または教職に関する科目について二十四単位以上履修することになっていますが、そのことについて、現状として学校での教育実践と関連するような内容をあまり学んでいないのではないかという批判がありますす。近年よく聞く「理論と実践の架橋」という言葉がありますが、そういった視点が不足しているというのです。例えば教育学研究科やその他の一般の修士課程に在学している学生のなかには、なぜ専修免許状が取れてしまうのだろうと思う者もいるかも知れません。知らないうちに所定の科目を二十四単位以上は取得していて、修了するときには専修免許状をもらえるという状況にあるので、現状は確かに学校の実践と結びついていない可能性があります。

そこで、実践的な科目を導入し、必修にするということです。二十四単位のうちおおむね四単位から六単位程度が適当ではないかと議論されています。その内容については、二つのことが検討されています。一つはインターンシップで、学校の活動全般に参画して実践を行うという形態や、教科の指導に特化して特定の単元を実践するというのもあり得るだろうということです。週に一日か半日、年間あるいは半期を通じて取り組み、大体十日から二十日ぐらいを目安に科目を導入するという方向に議論は落ち着いてきています。もう一つは、学校現場をフィールドとする活動です。これはインターンシップとは違う位置づけがされていて、特定の教科の授業改善について先導的なことを行っている学校に行ったり、学校の研究授業に関わったりして、大学院での研究と組み合わせて行うというものです。数日間にわたるものもあるでしょうし、断続的なものもあるでしょう。指導体制としては、学生が所属する研究科の教員、それから教職専門の教員が共同して行うことも考えられるのではないかということです。大学院の修士課程を担当している教員が当然指導に関わり、さらにその他の教員も関わるということになります。そして、その科目の評価は、「教職実践研究報告書（仮）」により行うこととされています。ですから、修士課程に在籍している学生からすると、専修免許状を取得しようと思えば、修士論文と並行してこの教職実践研究報告書を作成しなければならないということとなります。

さて、もう一方の教職大学院については、高度専門職業人養成のモデル的な役割を維持しつつ、中核的な役割を果たすものへ転換するということです。多様な養成機能の中核的な役割を果たすものへの転換を、各大学院の特色に合わせて進めるということになっています。現在、二十五ある教職大学院にはコースを設けているところがあります。例えば教育実践リーダーコース、学校運営リーダーコースといったコースを設けている教職大学院がありますが、これらに加えて教科指導コースや生徒指導コース、特別支援教育コースといったものを可能とすることが検討されています。

また、教職大学院で学んでいる学生には、現職の教員と、学部から社会人経験などを経ないで上がってくるストレートマスターとがいるわけですが、現在はおよそ同じような履修の形態になっています。違いは実習（十単位以上となっている）にあるのですが、現職教員の場合に全部免除している教職大学院と、一部必修で置いているところがあります。その他の科目の履修は現職教員とストレートマスターで同じようになっており、それを変えていくべきではないかということが議論されています。それから、共通に開設すべき授業科目(2)五領域も、設置基準などで決められているのですが、それをもっと弾力化すべきではないかとされています。

ここで、一般の教育学研究科の修士課程に戻ります。こういうと語弊があるかも知れませんが、国立の教員養成系の修士課程担当の教員は教員養成にあまり関心がありません。自分の専門とする学問領域に関心があって、例えば経済学なら経済学、物理学なら物理学など、個別分野の学問的知識能力を過度に重視し、教員養成に関わることにはあまり熱心ではなく、本来期待されている教員養成の機能を十分に果たしていないという批判が、これまでもたびたびなされてきました。

早稲田大学でも、教育学部、教育学研究科、教職研究科（教職大学院）と三つ並べたときの教育学研究科は、実はこれに非常によく似た位置づけにあります。専門職としての教員養成のための教職大学院を拡充するとすれば、国立の教員養成系修士課程の存在意義や役割はどうなるのだろうかという議論になります。協力者会議での議論の対象は国立の教員養成系修士課程なのですが、実は早稲田大学の教育学研究科にも当てはまることだと思っています。教育学研究科は今後どのような方向を目指すべきか、その在り方について検討が必要です。

それから、専修免許状の取得における実践的科目の必修化、つまり教員養成系の修士課程や一般の修士課程に実践的科目を入れ、もう一方で、教職大学院には教科に関するコース等を設けると、二つのすみ分けが難しくなるのではないかということが、国立大学については議論されています。そして、これもやはり早稲田大学についてもあてはまるということになると思います。教職大学院にはコース新設や未設置県への設置促進、さらにそこに教科専門を入れるということになり、それから、教員養成系大学の修士課程と一般大学の修士課程にはインターンシップを入れるということになった場合に、全体としては修士レベル化といえるのですが、そのすみ分けが難しくなってくるのではないかということです。

公立学校教員採用試験における学歴別採用者の状況を見てみますと、大学院修了者は全体として一〇・八％になっています。平成二十三年度の採用者と平成三年度の採用者で、採用者に占める大学院修了者の割合では、高校についてみると平成三年度には九・五％でしたが、平成二十三年度は二二・五％になっています。現在、修士レベル化という話が進んでいますが、高校の教員養成を考えていくときに、修士レベル化と一口に言っても、教職大学院、教育学研究科、その他の修士課程での養成がどうあるべきかというのは、非常に複雑な問題を生じうるということです。教職大学院と一般の教育学研究科、この両方を充実させるというのは、国立大学ではむずかしく、教職大学院の方にシフトすることになると思われます。

ところで、早稲田大学には一九九〇年に教育学研究科が設置されました。そして、二〇〇五年と二〇〇六年に教員養成ＧＰという、大学等が実施する教育改革の取り組みが選定され、文部科学省からの支援を受けて、教育学部の教員を中心として、学校現場や教育委員会と連携して様々な取り組みをすすめました。教育学部のかなりの教員が関わりましたので、その経験が現在につながっていると考えています。そして、二〇〇八年に教職大学院である大学院教職研究科が開設され、教育学部の初等教育学専攻も同じ年に開設しています。

早稲田大学では二〇一〇年度に学部・大学院でおよそ九百数十名が教員免許を取得しています。また、二〇一〇年度の採用試験の合格者数は公立学校教員で百八十五名、期限付き採用（臨時任用など）が六十数名、私立の専任教員が八十八名、非常勤が四十五名くらいです。

教職大学院である教職研究科は、認証評価を五年ごとに受けることになっており、第一回の認証評価を昨年（二〇一一年度）受けました。そのときに、「中学校、高等学校の教科の専門性を高めるためのカリキュラムの充実を検討する必要がある」と指摘されました。このような指摘を受けると、従来から専門性を重視してきた教育学研究科など修士課程と教職研究科のすみ分けや違いということを、きちんとしていかなければならないということになります。

教育学研究科を設置した際、教育学研究科は何を目的とするかということを文部省に届け出ています。教育学研究科ですので学校教育に関する研究を主とする大学院です。それから、中等教育教員、とくに後期中等教育教員の資格取得を目的とする高度の専門教育ということと、学校・社会教育・行政諸機関現職者の教育ということを目的に掲げています。また、教育研究と高校教員養成、現職教員の再教育ということを一体的に進めるとしています。おそらく国立の教員養成系修士課程の目的もこれとほぼ同じであり、これを見ると教職大学院との違いは一体何なのかということになってくるわけです。

一方、教職大学院の方は、修了時に「教職修士（専門職）」という学位を取得できることになっています。教職研究科でも当然専修免許状を取得できるわけですが、こういった専修免許状を出しているときに、教科の専門性を一体どういうかたちで入れられるのだろうということになるのです。

次に教職大学院のカリキュラムについてみると、共通五領域というものがあり、教育課程のことや生徒指導のことなどが必修になっています。これは全国どこの教職大学院でも必修です。もちろん実習も必修になっています。早稲田大学の教職研究科ですと、実習は五十日以上十単位という設定になっています。単位数や、実習の日数はそれぞれの教職大学院で工夫をしていますので、多少のばらつきはあります。

最後に、高校の教員養成の話に戻ります。多様化している高校教育の現場を考えたときに、どのような教員を養成するのかということです。早稲田大学で言えば、教職研究科で、また教育学研究科で、どのようなカリキュラムでどのような教員を養成するのかということです。国立の教員養成系修士課程については、専門については一生懸命であるが、生徒指導その他に関しては不十分だという批判があるわけです。こういったことをいろいろ確認しながら、具体的に現在のカリキュラムを変え、教育学研究科には実践的な科目を入れ、教職研究科では教科専門をもう少し手厚くするといったかたちで、検討を進めていきたいと思っています。しかし、やはりここで重要になるのは教育学研究科と教職研究科のすみわけであり、そのあたりを十分検討していかなければなりません。

注

（1）教員免許状を取得するには、大学で教育職員免許法に規定する科目について所定の単位を修得する必要がある。大学において修得することを要する単位は、文部科学大臣が免許状の授与の所要資格を得させるために適当と認める課程において修得したものでなければならないとされており、この文部科学大臣による認定は「課程認定」と呼ばれる。大学が科目や教員組織について文部科学大臣に申請し、文部科学大臣は中央教育審議会に諮問し、その答申に基づき認定する。

（2）「専門職大学院に関し必要な事項について定める件」（平成一五年文部科学省告示第五三号）により規定された「教育課程の編成及び実施に関する領域」「教科等の実践的な指導方法に関する領域」「生徒指導及び教育相談に関する領域」「学級経営及び学校経営に関する領域」「学校教育と教員の在り方に関する領域」。

総括討論

〔司会〕早稲田大学教育・総合科学学術院教授　油布　佐和子

油布：これで報告者からの報告はすべておわりました。今から総括討論に移っていきたいと思います。

私の感想をはじめに申し上げたいのですが、今日のテーマは「高校の多様化と教員養成」ということで、「高校の多様化」と「教員養成」を「と」で結んであります。そのために若干内容が盛りだくさん過ぎたかなという気はしております。この二つの大きなテーマをどれだけ接合するのかというのは、短時間では難しいと思います。つまり、高校の多様化と言いましたが、高校が多様化しているだけでなく、高校生、あるいは高校生の年代の子どもたちの生き方が非常に多様であるということでした。教育者がこの状況にどのような視点を持ち、何を教えていくかということが、実は非常に大きな課題となっているのです。

例えば、「教科を教える」といった時、受験に力を入れた学校であれば、それは受験に結び付く教科であるため、生徒は学ぶ理由が明らかに分かると思いますが、先ほど青砥先生がご紹介してくれたような子どもたちにとっては、教科を学ぶということが自明のことではないのです。それを学んでどうなるのかということが、彼らの生活の中からは少し遠いところにあるということです。その状況を教育者はどう考えていくのかということが突きつけられています。

また、こうした状況に対して、それを担う教員の養成はなかなか進まず、教育改革だけがどんどん進んでいます。高度な資質を持つ教員を、修士という形で教育レベルを上へ伸ばして養成していくことになっていくわけです。ところが、本当にそれは高度な資質を持つ教員を養成することにつながるのかという問題もあります。

さらにまた、実践的科目の導入の問題もあります。先ほど長島先生のお話にあったように、教育学研究科等の一般の大学院に、フィールドワークやインターンシップなど、実習的な科目を増やすということが提案されています。一方で、教職大学院はそういうものがすでに実習として必修で盛り込まれています。それは取りも直さず、困難な現実をしっかり認識するという目的のためですが、例えば教職大学院の十週間の実習でそういう困難な状況に対応するような視点を持てるのでしょうか。ましてや、今度議論されている、インターンシップでそういうことが果たして身につけられるでしょうか、そういう、実質的な疑問も浮かんできます。

そういった多くの検討すべき課題がありますが、時間の許す限り議論していきたいと思いますのでよろしくお願いします。

会場A：学校が多様化していることは事実だが、教員としての対応力は現場でしか身につかない。大学では、どの学校にいってもある程度対応できる学生を育ててほしい。

油布：先ほど、宮嶋先生から報告があったように、コミュニケーション力などが、いつの時代にも変わらない基礎的な力として必要だというのもその文脈であろうと思います。もちろん私自身もその力は必要だと思うのですが、大学で、あるいは大学院で、教師としての適応力を高めるには、どのようなカリキュラムが可能なのでしょうか。教員一人ひとりの個性や経験は個人の資質を高めるだろうと思いますが、定式化されたカリキュラムの中でどうすれば実践的な力を持った教員を養成できるのかということも考える必要があると思います。先生方はいかがでしょうか。

青砥：話の中で取り上げたとおり、私は今、埼玉県で生活保護世帯の学習支援教室というのを運営しています。通ってくる子どもたちは障害を持っている子、不登校の子も多くいます。教室でマンツーマンで教えていますが、教室の運営、管理など教える以外のこともやらなければなりません。そういった環境で教えた経験は、現場で子どもたちに対応する力、適応力を高めてくれるのではないでしょうか。

だから、大学の教室でそういう適応力を高めるカリキュラムというのは、本当に私は難しいと思っています。それよりもやはり現場で学ぶ時間を取ったほうがいいのではないかと思うのです。やはり子どもたちの多様性を学べる現場、大学院の半分はそこでしっかり実践活動をするとか、そういうことを入れたほうが私はいいのではないかと思います。

宮嶋：教員が優れた実践力を身に付けることは大切な視点です。東京都教育委員会では、採用から三年間で系統的・段階的に教員としての基礎的・基本的な知識・技能を確実に育成するため、「東京都若手教員育成研修」を実施していますが、大学や大学院における養成も大切だと思います。また、先ほど教師としての基本的な能力の一つとして申し上げましたコミュニケーション能力については言語能力を高めるような取り組みが有効だと思います。

長島：教職大学院は、これまでの教員養成にいろいろ課題があったので、より実践的な高度な教員養成をということで始まりました。教職大学院の共通の履修科目では、教育課程のことや学級経営、生徒指導などを履修しつつ、実習の期間を長くして学校現場と大学院での学びとを融合させるような取り組みをできるようにしていかなければいけません。櫻井先生がご自身の体験の中で、学校は違うが、実習で高校の様子はある程度経験していたので、少し対応できたというお話をなさっていましたが、実習などを通じて学校現場で様々な経験をしながら学んでいくということがやはり大事だと思います。ただ、理論と実践の行き来がどのくらいできるか、また単にカリキュラムを用意するだけではなく、そこで指導や学生個人の学習がどのくらいできるかが鍵だと思っています。

油布：はじめにお話しいただいた、長谷川先生と櫻井先生は教職大学院で長期の実習を踏まえて教員になったわけですが、大学院の二年間、現場で長期の実習を踏まえたことが何らかの役に立ったのでしょうか。あるいは適応力、対応力、コミュニケーション力を高める経験になったのでしょうか。

櫻井：思い返してみれば、自分が学部の四年の教育実習のときは、とにかく授業準備をするだけで精一杯でした。寝る時間もなく、次の日の授業の準備をして、次の日に授業に行くというくり返しで、気付くと三週間の実習が終わり、ホームルームのクラスで、「お疲れさま、ありがとう」と色紙と写真をもらって実習終了という状況でした。それを考えると、いま現場に出ていても体がいくつあっても足りないという状況ですので、学部を卒業してすぐに現場に入っていくのはやはり相当大変だったと思います。

教職大学院の実習ですと、校務分掌に入ることができたのが一番大きな経験でした。実習では、一年目が進路指導部、二年目が生徒指導部に入れていただいて、学校の要となってくる分掌を経験させてもらったことで、年間の行事とか、生徒の問題行動が起きたときの対応などを学ぶことができました。もちろんそれで全部を把握できているわけではありませんが、一つのヒントをいただいた二年間だったと感じています。

現在の勤務校では業務に追われてはいるけれども、まだ少しでも次を予測できているというのは、二年間の実習が非常に大きかったかなと思っています。

長谷川：長期の実習ですから、実習でたくさん自分に課題や宿題が見つかるので、それこそそこで学校に戻ってきたときに、友達とたくさん実習のことを議論して、大学の先生にも混じっていただいていという時間が持てていたのがとてもよかったと思っています。

会場B：私ははじめに赴任した学校が生徒指導に力を入れていたので、その後の教員生活を通じて、生徒指導を中心に取り組んできた。定年間際になって、同年代の教員と一緒に学級担任をしていたが、その教員とは全く考え方が異なっていて驚いた。その教員と私との教員としての経験の違いによるものだが、一つわかったのは汎用的な教員というのは現実あり得ないのではないかということだ。

そして、さらに汎用的な教員を大学や大学院の養成レベルでできるというのはやはり限界があると思う。三年、四年ぐらい苦しんでいただいて、その中で実践的な力を付けていってもらうしかない。

油布：ご意見では教員も多様だということでしたが、教師になる人たちの層というのは、やはり一定以上の学力や、社会経済的にしっかりした層です。その先生方の経験というのは、今の生徒たちのいろんな多様な生活が全部見やるような、そういう視点を持てないのではないかと危惧しています。この多様化する現状に十分対応できないのではないか、それをどのように教員養成レベルで考えていけばいいのかということが、ずっと課題としてあったわけです。今のご意見ですと、あまりそういうことを教員養成レベルで一生懸命やるのではなくて、入ってからも十分にできるのだということだったのではないかと思います。

ご報告いただいた先生方からも一言ずつ頂きたいと思うのですがいかがでしょうか。

宮嶋：先ほど申し上げましたように、大量退職、大量採用に伴い、若手のうちから組織の重要な役割を担わなければならない状況にあります。教職大学院において、学校経営の視点をもって研究に取り組み、将来の教員のリーダーとなるための基礎を学んだ学生が教員になり、即戦力となって活躍することを期待します。

青砥：私も先ほどご発言いただいたフロアの方と似通った意見で、基本的には教員は現場で育てるべきだと思っています。しかし、現場で育てる余裕がなくなったから、こういう現実を迎えているのでしょう。みんな忙しくなってしまったのです。現場に期待するのは、やはりベテランが若い人を育てるということだと思います。

私自身は通信教育で教職の単位を取った人間で、教育学部で教育を勉強したことがありません。

必要なことは全て現場で教わりました。現場で教え、子どもたちを目の前にして教師も育っていく、これがやはり基本だろうと私は考えています。

櫻井：お二方の先生からお話がありましたが、自分は今の同僚の先生方に本当によく面倒を見てもらっていると思います。そして、私以外の若手の教員と計三人が同じ学年で一緒に仕事をしています。

長谷川：教職大学院での実習で指導してもらった先生に、「最初の三年だよ」と言われたことを思い出しました。「最初の三年で何かすごく大切なことを見つけてそれをずっとやっていくんだよ」と言われ、私もそれを現場でいろんな先生たちに支えられてやっている最中なのかなと思っています。

油布：皆さん、どうもありがとうございました。会場からも厳しく温かいお言葉があり、高校の教員としてどのような課題があるか、今後、大学はそういう教員を養成するに当たって何を考えていけばいいのかということを、あらためて確認する場になりました。

今日、ご報告してくださった教員方にもう一度お礼を申し上げたいと思います。本日はどうもありがとうございました。

「早稲田教育ブックレット」№.9刊行に寄せて

堀　誠

早稲田大学教育総合研究所の活動は、講演会等の開催、研究部会の推進、叢書等の刊行を三位一体として展開しています。その中で研究部会の活動は、他の事業と強い関連性をもつ重要な存在でもあります。各年度一月末に開催される「公開研究部会発表会」は、当該年度にランニングした全研究部会がそろって成果を報告する得難い場です。各話題はいわゆる「教育」の種々相を洗いだして、認識を新たにし知見を深めてくれるものが少なくありません。二〇一二年十二月二十二日開催の「高校の多様化と教員養成」(「教育最前線講演会シリーズXV」)は、前年度から活動中の一般研究部会「進路多様校における生徒指導の課題～高校教員養成のカリキュラム改善に向けて～」(部会主任：油布佐和子)に、その活動の一環としての企画立案をお願いした次第です。

かつて日本の高度経済成長期には中学卒業生が貴重な労働力として「金の卵」と称されて社会に羽ばたいていった歴史がありました。その当時からは進学環境は著しい変化を遂げて、文部科学省HPの「高等学校教育」に関するページには、「現在、高等学校への進学率は九十七パーセントを超えており、生徒の能力・適性、興味・関心、進路等の多様化に対応した特色ある学校づくりが求められています。」と明示されています。この今日的な環境の中で、そこに底流する問題を汲みあげようとするのが本企画の一つの趣旨でもあり、部分的には七月二十一日開催の「子どもの貧困と教育」とも重なる問題をも含んでいます。

早稲田大学の教員養成は、この十年の間に大きく変化しました。文部科学省採択の二〇〇五～六年度「教育臨床を重視した教員養成強化プログラム」(教育臨床GP)、二〇〇六～七年度「言葉の力を創生する教員養成プログラム」(ことばの力GP)の実施を介して、「人間理解基盤講座」「学習指導基盤講座(現「授業技術演習」)」「新国語教育講座」や「教育インターンシップ」「中等国語科インターンシップ」が教職科目にランディングするなど、教育の現場を強く意識した科目が設置されてきました。そしてこれらの経験をも踏まえて、教育学部教育学科初等教育学専攻、ならびに大学院教職研究科が開設された現在、「早稲田の教員養成」をあらためて省察することが必要でもあります。

本ブックレット刊行の趣旨にご理解いただいた講師の先生方に厚くお礼申し上げるとともに、文字を通して問題を省察し、さまざまな意見を交流していただくことができれば幸いです。

(早稲田大学教育総合研究所　所長)

著者略歴（2013年３月現在）

油布佐和子（ゆふ　さわこ）
早稲田大学教育・総合科学学術院教授
略歴：東京大学大学院教育学研究科博士課程単位取得退学。学術振興会特別研究員、福岡教育大学講師、助教授、教授を経て、現職。

長谷川　舞（はせがわ　まい）
三重県立高校教諭
略歴：早稲田大学第一文学部卒業、早稲田大学大学院教職研究科(教職大学院)修了。

櫻井　剛（さくらい　つよし）
東京都立高校教諭
略歴：早稲田大学第一文学部卒業、早稲田大学大学院教職研究科（教職大学院）修了。

青砥　恭（あおと　やすし）
NPO法人さいたまユースサポートネット代表理事
略歴：元埼玉県立高校教諭、明治大学非常勤講師。二〇一一年、特定非営利活動法人さいたまユースサポートネットを設立。著書・編著に『日の丸・君が代と子どもたち』（岩波書店）『ドキュメント高校中退』（筑摩書房）など。

宮嶋　淳一（みやじま　じゅんいち）
東京都教育庁指導部指導企画課統括指導主事
略歴：都立八王子高陵高等学校教諭、都立杉並総合高等学校主幹教諭、大田区立大森第一中学校副校長などを経て、現職。

長島　啓記（ながしま　ひろのり）
早稲田大学教育・総合科学学術院教授
略歴：筑波大学大学院博士課程教育学研究科単位取得退学。文部省大臣官房調査統計企画課外国調査官、常葉学園大学教育学部助教授、教授、早稲田大学教育学部助教授等を経て、現職。